Whitney Houston

Por United Library

https://campsite.bio/unitedlibrary

Índice

Descargo de responsabilidad

Este libro biográfico es una obra de no ficción basada en la vida pública de una persona famosa. El autor ha utilizado información de dominio público para crear esta obra. Aunque el autor ha investigado a fondo el tema y ha intentado describirlo con precisión, no pretende ser un estudio exhaustivo del mismo. Las opiniones expresadas en este libro son exclusivamente las del autor y no reflejan necesariamente las de ninguna organización relacionada con el tema. Este libro no debe tomarse como un aval, asesoramiento jurídico o cualquier otra forma de consejo profesional. Este libro se ha escrito únicamente con fines de entretenimiento.

Introducc

Únase al cautivador viaje de Whitney Houston, la incomparable voz que definió una era en la música. Como cantante y actriz estadounidense, el impacto de Houston trascendió fronteras, convirtiéndola en una de las artistas musicales más vendedoras de todos los tiempos. Su voz conmovedora, su incomparable registro vocal y sus cautivadoras actuaciones cautivaron al público de todo el mundo, lo que le valió el título de "la Voz".

Desde sus humildes comienzos cantando en la iglesia hasta convertirse en un icono mundial, la vida de Houston ha sido un testimonio de talento, perseverancia y pasión. Sus logros revolucionarios, incluidos 11 singles número uno e innumerables premios, la consolidaron como una leyenda de la industria musical. A pesar de sus dificultades personales, el talento de Houston brilló con luz propia, dejando una huella indeleble en la historia de la música.

Sumérjase en la vida de una auténtica pionera, célebre por su arte, su resistencia y su influencia duradera. Esta completa biografía, enriquecida con las opiniones de quienes mejor la conocieron, ofrece una visión de la vida de una mujer que redefinió la música y sigue inspirando a generaciones. **Descubra la extraordinaria vida de**

Whitney Houston, un icono atemporal cuyo legado
perdura a través de su música.

Whitney Houston

Whitney Elizabeth Houston (Newark, 9 de agosto de 1963 - Beverly Hills, 11 de febrero de 2012) fue una galardonada cantante, compositora, actriz, productora, supermodelo y empresaria estadounidense. Algunos críticos la consideran la mejor cantante de todos los tiempos. Su potente voz, que alcanzaba tonos muy agudos, especialmente en melismas y vibratos, combinada con suaves tesituras, y su extremado talento artístico para componer letras y melodías, la hicieron conocida como *La Voz y Reina de la Balada.*

Houston fue la artista más premiada de todos los tiempos, según Guinness World Records, en 2009. Su palmarés incluye: dos premios Emmy, siete premios Grammy; dieciséis Billboard Music Awards, veintidós American Music Awards, con un total de 415 premios obtenidos en su carrera hasta 2013. Es una de las artistas de mayor éxito en el mundo de la música y ha vendido más de 400 millones de discos en todo el mundo.

Inspirada por varias destacadas cantantes de soul de su familia, entre ellas su madre Cissy Houston y sus primas Dionne Warwick y Dee Dee Warwick, Houston empezó a cantar en el coro de gospel juvenil de una iglesia de Nueva Jersey a los 11 años. Tras empezar a trabajar como corista en los espectáculos de su madre en clubes nocturnos de Nueva York en 1977, fue descubierta por Clive Davis en 1983, año en que comenzó su carrera profesional. Davis era su representante en Arista Records. Houston ha publicado seis álbumes de estudio y tres de bandas sonoras, todos ellos con las certificaciones de diamante, multiplatino, platino y oro de la Recording Industry Association of America. Su álbum de debut homónimo, publicado en 1985, se convirtió en el álbum de debut más vendido por una artista femenina, con 25 millones de copias vendidas. Su segundo álbum, *Whitney* (1987), se convirtió en el primer álbum de una artista femenina en debutar en el número uno del Billboard 200. Whitney logró un gran éxito en las listas de música popular, así como su prominencia en la MTV, a partir de su vídeo para *How Will I Know, lo* que permitió a varias artistas afroamericanas seguir su éxito.

El primer papel cinematográfico de Houston fue en *El guardaespaldas* (1992), en la que obtuvo un gran éxito como protagonista. La banda sonora original de la película ganó el premio Grammy 1994 al Álbum del Año. Su primer sencillo, *I Will Always Love You,* se convirtió en el más vendido por una artista femenina en la historia de la música. El álbum es el único de una artista femenina entre los cinco más vendidos de todos los tiempos, ocupando el cuarto lugar. Houston siguió protagonizando películas y colaborando en sus bandas sonoras, como *Waiting to*

Exhale (1995) y *The Preacher's Wife* (1996). Tres años después del lanzamiento de su cuarto álbum, *My Love Is Your Love* (1998), Whitney renovó su contrato con Arista Records. En 2002 publicó su quinto álbum de estudio, *Just Whitney,* y en 2003 el álbum navideño *One Wish: The Holiday Album.* En medio de una amplia cobertura mediática de su agitación personal y profesional, Houston puso fin a su problemático matrimonio de 14 años con el cantante Bobby Brown en 2006. En 2009, Houston publicó su séptimo y último álbum de estudio, *I Look to You.*

Whitney Houston ha sido reconocida internacionalmente como una de las más grandes artistas de todos los tiempos, debido a su talento, legado y, sobre todo, a su notable y legendaria voz. Gracias a su extraordinario talento vocal, a menudo se ha hecho referencia a Whitney como "*La* Voz". A menudo se compara a Whitney con grandes artistas del pasado, como Frank Sinatra, Aretha Franklin y Elvis Presley, y también figura entre los *500 mejores artistas de todos los tiempos* de la revista *Rolling Stone.*

Whitney murió el 11 de febrero de 2012. El informe del Instituto de Criminalística de Los Ángeles dijo, en principio, que la muerte fue accidental. La cantante se ahogó en la bañera de un hotel. Según los expertos, había signos de enfermedad cardíaca y rastros de consumo de cocaína.

Biografía

Su madre, Cissy Houston, y dos primas hermanas, Dionne Warwick y Dee Dee Warwick, eran reputadas cantantes de gospel, R&B y soul, y su prima tercera, Leontyne Price, una famosa cantante de ópera, lo que se tradujo en una presencia constante de la música en la vida de la joven Whitney. A los 11 años, Whitney empezó a cantar en el coro de gospel de una iglesia baptista de Newark y más tarde acompañaría a su madre en algunos conciertos. A pesar de ser bautista evangélica, Whitney se graduó en un instituto católico. Comenzó su carrera artística en 1977, trabajando como corista en los conciertos de su madre, época en la que ya escribía sus primeras canciones, que cantaba esporádicamente en bares y clubes nocturnos locales cuando los conciertos de su madre no estaban programados. Tras aparecer en el álbum de su madre *Think It Over en* 1978, Whitney se hizo más conocida en el mundo artístico y empezó a actuar como corista de muchos cantantes famosos, entre ellos Chaka Khan y Jermaine Jackson: Chaka Khan y Jermaine Jackson. Ese mismo año, con sólo 15 años, hizo un dúo con Michael Zager en el sencillo *Life's a Party*. En 1980 comenzó su carrera como modelo. Pasó un concurso de belleza en una prestigiosa agencia y empezó a desfilar en pequeños eventos representando a varias marcas famosas, además de realizar sesiones fotográficas. Ese fue el comienzo de su exitosa carrera como modelo fotográfica, que la llevó a ser portada de varias revistas de todo el mundo, entre ellas *Seventeen* y *Glamour*. Su experiencia en el mundo de la moda la convirtió en supermodelo.

1983-1991: El estrellato

A Whitney le ofrecieron un contrato con Arista Records en 1983. Un representante de la discográfica se dio cuenta del gran potencial artístico de Whitney mientras cantaba en un club nocturno de Nueva York. Entonces pidió a Clive Davis, empresario y productor musical, fundador de Arista Records, que viera el trabajo de Whitney como corista y sus interpretaciones de versiones y canciones propias. Cuando Davis fue al club nocturno y la vio, se convenció de que tenía un talento maravilloso, un verdadero don, e inmediatamente la invitó a grabar su primer álbum. Whitney tardó unos dos años en terminar su primer álbum, ya que Davis buscaba canciones adecuadas para su potente voz y los productores adecuados para dirigirla, lo que dio lugar al gran éxito del álbum. En 1984, el año en que se hizo famosa en Estados Unidos, Whitney hizo un dueto con Teddy Pendergrass (*Hold Me*). Lanzado como sencillo, fue un éxito moderado en Estados Unidos, entrando en los 40 Principales. Durante este tiempo, Whitney decidió hacer apariciones como invitada en Gimme a Break y Silver Spoons. Pero fue cuando apareció en la telenovela *As the World Turns interpretándose a* sí misma cuando su popularidad creció realmente.

El 14 de febrero de 1985 sale a la venta su primer álbum, titulado *Whitney Houston*. Tardó en convertirse en un éxito, pero cuando el sencillo *You Give Good Love* alcanzó el número tres en la lista de los más vendidos de la revista Billboard, las ventas se dispararon. Los otros singles, *Saving All My Love for You*, *How Will I Know* y *Greatest Love of All, alcanzaron el número uno en la lista de los más vendidos de la* misma publicación y permanecieron allí durante 14 semanas. El álbum llegaría a vender veinticinco millones de copias en todo el mundo, trece de ellas sólo en Estados Unidos, convirtiéndose en el álbum más vendido del año por delante de *True Blue* de Madonna y convirtiéndose en el álbum debut más vendido por un artista. Otra canción, *All at Once, sonó* mucho en la radio, pero Arista decidió no lanzarla como sencillo para no exponer demasiado a Whitney a los medios de comunicación, ya que la cantante se hizo mundialmente famosa en pocos meses. Con el éxito llegaron numerosos premios, y en 1986 Whitney ganó su primer Grammy: Mejor Interpretación Vocal Pop Femenina, con *Saving All My Love For You y* emprendió su primera gira mundial de conciertos, *The Greatest Love Tour*. Ese mismo año, Whitney fue elegida *Artista del Año* por la revista *Billboard*.

Lanzado en junio de 1987, *Whitney,* el segundo álbum de la cantante, se convirtió en el primer álbum de una artista en debutar simultáneamente en el primer puesto de los más vendidos en Estados Unidos y en el Reino Unido, lo que la convirtió en la primera artista femenina en lograr esta hazaña. El primer sencillo, *I Wanna Dance with Somebody (Who Loves Me)* (originalmente *I'm Gonna Dance with Somebody*), interpretado en la gira mundial de 1987, pronto se convirtió en un gran éxito para la cantante y en 1988 le valió su segundo Grammy. Otros sencillos del mismo álbum que se convirtieron en éxitos: *Didn't We Almost Have It All, So Emotional* y *Where Do Broken Hearts Go.* Todas estas canciones dieron a Whitney una racha de siete números uno consecutivos en Estados Unidos, batiendo el récord de los Beatles y los Bee Gees (que empataron con seis cada uno). Hasta la fecha, ningún artista ha conseguido siete números 1 consecutivos en la lista de singles más vendidos de la revista *Billboard*. Un quinto sencillo, *Love Will Save The Day, se* convirtió en un éxito moderado al entrar en el número nueve de la lista Billboard. El álbum vendió veinte millones de copias en todo el mundo, nueve millones de ellas sólo en Estados Unidos. Realizó otra gira mundial, The Moment of Truth Tour, y recibió una serie de premios, entre ellos el de Álbum del Año en 1988. Durante la ceremonia de apertura de los Juegos Olímpicos de 1988, Whitney cantaría *One Moment in Time*. Lanzada como sencillo, la canción de los Juegos Olímpicos de ese año alcanzaría el número uno en el Top 40 del Reino Unido y el número cinco en Estados Unidos. En 1989, Whitney se embarcó en una gira con BeBe y CeCe Winans como coristas, demostrando que el éxito no se le había subido a la cabeza.

I'm Your Baby Tonight se publicó en noviembre de 1990. Los primeros sencillos de ese álbum, I'm Your Baby *Tonight* y *All The Man That I Need*, alcanzaron el número uno en la lista de los más vendidos en Estados Unidos, con lo que sumaba un total de nueve números uno en ese país hasta la fecha. Otros éxitos moderados fueron *Miracle* y *My Name is Not Susan*. Otra canción del álbum, *I Belong to You,* sonó en algunas emisoras de radio estadounidenses y se convirtió en un éxito menor. El álbum vendió doce millones de copias en todo el mundo, cuatro millones de ellas sólo en Estados Unidos. Whitney pronto emprendió otra gira mundial, I'm Your Baby Tour, que batió récords de asistencia en todo el mundo y confirmó lo que todos ya sabían: Whitney había llegado para quedarse. En enero de 1991, cantó *The Star-Spangled Banner,* el himno nacional de EE.UU., en la XXV Super Bowl de Tampa (Florida). Lanzada posteriormente como sencillo y vídeo, se convertiría en la única versión del himno nacional de Estados Unidos en convertirse en un éxito, vendiendo un millón de copias. El dinero recaudado con las ventas del single se donó a la Cruz Roja estadounidense. Aquel momento quedó marcado para siempre en la historia de la música y más de una década después la gente recuerda la maravillosa actuación de Whitney, que sacudió las estructuras de la Super Bowl. En 2005, Beyoncé Knowles habló en su DVD sobre este momento histórico y la emoción de cantar *The Star Spangled Banner,* dijo: "Whitney Houston estuvo fantástica y sólo desearía haber tenido la oportunidad de hacer al menos algo parecido a lo que ella hizo, porque fue increíble". También en 1991, Whitney aprovechó su identificación con el público en favor de las víctimas de la Guerra del Golfo, cuando ofreció un concierto benéfico emitido por la HBO bajo el título *Welcome Home Heroes with Whitney Housn.*

1992-1997: Afirmación profesional, matrimonio y maternidad

En 1992, Whitney rodó su primera película, El guardaespaldas, que protagonizó junto a Kevin Costner. Whitney fue calificada de actriz de gran éxito y talento, aclamada por la crítica de todo el mundo. La película se convirtió en un fenómeno, un auténtico éxito de taquilla, recaudando más de 500 millones de dólares en todo el mundo. Con una buena banda sonora, Whitney grabó seis nuevas canciones para la banda sonora de la película, incluida una versión del clásico de Dolly Parton "I Will Always Love You" con la que superó todas las expectativas, convirtiéndose en un gran éxito para la cantante e inmortalizándola en la música mundial. Lanzado como sencillo en noviembre de ese mismo año, se convirtió en su décimo número 1 en Estados Unidos y se mantuvo durante 14 semanas consecutivas. Se convirtió en su sencillo más vendido hasta la fecha, con más de diez millones de copias. La canción *I Have Nothing* fue nominada al Oscar a la mejor canción original. Otros éxitos publicados como sencillo de la banda sonora de The Bodyguard: *I'm Every Woman* (una regrabación de una canción de Chaka Khan), *Run to You* y *Queen of the Night* (escrita por la propia Whitney). El álbum se mantuvo en el número 1 durante veinte semanas y vendió más de 38 millones de copias en todo el mundo, 17,5 millones de ellas sólo en Estados Unidos, lo que la convirtió en la banda sonora más vendida de la historia, según certifica el Libro Guinness de los Récords, siendo certificada 17 veces platino y luego diamante en Estados Unidos. En marzo de 2005, 13 años después de su lanzamiento, el álbum volvió a las listas de ventas en España en el puesto 25. En esta época, comenzó a gestionar su carrera, abriendo una agencia de moda y una empresa de entretenimiento musical, además de trabajar como productora musical de sus propias canciones y de las de los artistas que la contrataban.

Tras cuatro años de noviazgo, Whitney se casó con el cantante Bobby Brown en Trenton, Nueva Jersey, el 18 de julio de 1992. El 4 de marzo de 1993, en Livingston, dio a luz por parto normal a su única hija: Bobbi Kristina Houston Brown, que durante su infancia hizo pequeñas apariciones musicales en los álbumes de Whitney Houston. Ambas cantaron juntas en las canciones *My Love is Your Love* y *Little Drummer Boy*. A pesar de ello, su hija no siguió una carrera artística, aunque hizo pequeñas apariciones como actriz en películas y comedias de situación durante su corta vida.

En 1994, con la gira mundial *The Bodyguard*, Whitney hizo su primera aparición en Brasil, participando en el evento Hollywood Rock. Dio dos conciertos, uno en São Paulo y otro en Río de Janeiro, donde interpretó en directo *I Will Always Love You,* el mayor éxito de su carrera, y también cantó en la ceremonia de clausura de la Copa del Mundo (Mundial 94).

En 1995 Whitney actuó en otra película, *Waiting to Exhale,* que también fue un gran éxito de público y crítica, basada en un libro de Terry McMillans sobre la vida de cuatro mujeres afroamericanas. Los otros personajes están interpretados por Angela Bassett, Loretta Devine y Lela Rochon. El director de la película fue Forest Whitaker. Se rodó en la primavera de 1995 y se estrenó en los cines en diciembre del mismo año. Se calcula que recaudó 80 millones de dólares en todo el mundo. La banda sonora de *Waiting to Exhale* incluía tres nuevas canciones de Whitney: *Exhale* (Shoop, Shoop), *Count on Me* (a dúo con CeCe Winans) y *Why Does It Hurt So Bad*. El sencillo *Exhale (Shoop,* Shoop) debutó en el número 1, convirtiéndose en su undécimo número 1 en Estados Unidos y en el segundo sencillo de la historia en debutar en esa posición. El álbum vendió más de diecisiete millones de copias en todo el mundo, más de siete millones sólo en Estados Unidos.

Su siguiente película, La mujer del predicador, fue un remake que protagonizó junto a Denzel Washington. La película empezó a rodarse en enero de 1996 y se estrenó en los cines el 13 de diciembre del mismo año. Whitney llevaba mucho tiempo planeando sacar un álbum de gospel y la banda sonora de esta película era la oportunidad perfecta para hacerlo. *La* banda sonora de *The Preacher's Wife* se publicó un mes antes que la película y se convirtió en el álbum de gospel más vendido de la historia, además de ser nominado al Oscar a la mejor banda sonora original. Whitney canta 14 de los 15 temas del álbum, incluidos los éxitos *I Believe in You and Me* y *Step by Step*.

1997-2001: Maduración

El siguiente trabajo de Whitney fue la película musical para televisión *Cenicienta,* rodada en el verano de 1997. Fue producida por la propia productora de Whitney, Brown House Productions. La película se emitió el 2 de noviembre de 1997 en ABC. Atrajo a una audiencia récord de más de sesenta millones de espectadores (uno de los programas más vistos de la historia de la televisión estadounidense). La película está protagonizada por Brandy, Whoopi Goldberg y Whitney como el Hada Madrina.

En 1998, grabó un dueto con Mariah Carey, *When You Believe,* para la banda sonora de la película de animación *El príncipe de Egipto.* La canción creó expectación por tratarse de un dúo con las dos mejores vocalistas de Estados Unidos. Aun así, la canción recibió malas críticas y, a pesar de ser un éxito mundial, ocupó el puesto 15 en Norteamérica. La canción se publicó como sencillo en noviembre y ganó el Oscar a la mejor canción original en marzo de 1999 con la actuación de Whitney y Mariah en la ceremonia de entrega de premios.

Tras una larga espera, Whitney volvió al estudio para publicar su primer álbum sin banda sonora en ocho años, *My Love Is Your Love,* el 17 de noviembre de 1998. El álbum iba a ser un Best Of, pero a Whitney y a su mentor Clive Davis les gustó tanto el resultado que creyeron que podía ser un éxito. El álbum, que se grabó en 6 semanas, contó con colaboraciones de peso del mundo del r&b estadounidense, como Wycleaf Jean, Lauryn Hill, Missy Elliott y Rodney Jerkins. En consecuencia, debido al tiempo récord de grabación, el álbum tuvo poco tiempo para promocionarse antes de su lanzamiento y acabó debutando en el número 13 en Estados Unidos. Muchos describieron este momento como el principio del fin de la carrera de Whitney, pero como ella misma dijo "no es cómo empieza, es cómo acaba". El álbum recibió las mejores críticas de su carrera. El single My Love is Your Love se convirtió en uno de los más vendidos del año y el tema It's Not Right But It's Okay ganó un Grammy. El álbum es el disco de R&B más vendido de todos los tiempos en Europa, alcanzando unas ventas de 13 millones en todo el mundo, lo que vuelve a situar a Whitney en lo más alto. Entre los temas lanzados como singles se encontraban *It's Not Right But It's Okay* y *If I Told You That*, *Heartbreak Hotel*, *My Love Is Your Love*, *I Learned From The Best* y la oscarizada *When You Believe*. El álbum vendió doce millones de copias en todo el mundo, cinco de ellas sólo en Estados Unidos, y Whitney ganó su sexto Grammy por el sencillo It's *Not Right, But It's Okay en* febrero de 2000. Los primeros conciertos de la gira *Your Love is My Love World Tour* cosecharon excelentes críticas, celebrando el regreso de la cantante.

En 1999, Whitney participó en el segundo programa Divas Live de VH-1 y su actuación fue calificada de "insuperable" por Jon Pareles en *The New York Times*. Poco después, para celebrar sus 15 años de carrera, lanzó *Whitney: The Greatest Hits,* una recopilación de sus grandes éxitos, el 16 de mayo de 2000. Se trataba de un álbum doble que, además de las canciones que más sonaban en la radio, incluía temas inéditos, duetos innovadores y las remezclas más escuchadas en las listas. Junto con el álbum, también se editó un DVD que contenía sus principales vídeos musicales, los primeros momentos de su carrera, entrevistas, las últimas apariciones, actuaciones en conciertos y material entre bastidores de su trabajo. El doble álbum vendió nueve millones de copias en todo el mundo. Tras un largo periodo alejada de los escenarios, el 7 de septiembre de 2001 Whitney hizo una aparición especial junto a Usher y Mya para celebrar el 30 aniversario de la carrera en solitario de su amigo Michael Jackson en el Madison Square Garden de Nueva York. El trío abrió el espectáculo al son de Wanna Be Starting' Something'. El 10 de septiembre, Whitney debía cantar a dúo *One Day In Your Life* con Michael Jackson, pero no se presentó al concierto. Ese mismo año, Whitney publicó *Love, Whitney,* una recopilación de sus grandes éxitos románticos.

2002-2005: agitación personal y profesional

En diciembre de 2002 Whitney publicó *Just Whitney,* que tuvo un gran impacto en su carrera debido a sus problemas personales. La cantante admitió a la prensa que sufría depresión desde que era adolescente y que había consumido cocaína, cannabis y otros tipos de drogas, además de beber demasiado alcohol. El primer sencillo del nuevo CD, *Whatchulookinat, fue* un gran fracaso en Estados Unidos, quizá debido a su tono agresivo, en el que Whitney critica a cualquiera que diga que su carrera está acabada, por sus historias sobre su adicción a las drogas. Como consecuencia, la discográfica se vio obligada a distribuir *One Of Those Days,* un sencillo que tuvo mejor acogida y fue alabado por la crítica. Poco después, el sencillo *Try It On My Own*, una balada autobiográfica, llegó a la radio en abril de 2003. En cuanto a las canciones de amor, el álbum incluye una regrabación de un gran éxito de los años 70, la melódica *You Light Up My Life, que* fue producida por Baby Face y no llegó a convertirse en single.

En noviembre de 2003, Whitney publicó un álbum navideño titulado *One Wish: The Holiday Album*. El álbum incluía algunos clásicos navideños cantados de forma impresionante por Whitney, con One *Wish*, la canción que da título al álbum, con lo mejor del gospel contemporáneo. Tras cinco días en un centro de rehabilitación de drogadictos en marzo de 2004 (que repitió en marzo de 2005 durante dos meses), se embarcó en la gira internacional Soul Divas con Natalie Cole y Dionne Warwick, que duró todo el verano. El 14 de septiembre de 2004, interpretó en directo *I Believe In You And Me* y *I Will Always Love You* en los World Music Awards, en homenaje a su productor y antiguo amigo

Clive Davis. La actuación de Whitney fue sencillamente perfecta. Se dice que Celine Dion lloró al escuchar a Whitney interpretar las canciones y que Courtney Love dijo: "Dios mío, es la mejor cantante del mundo". Más recientemente, Whitney participó en el reality show estadounidense Being Bobby Brown.

2006-2007: Un nuevo comienzo

En septiembre de 2006 Whitney se separó de su entonces marido Bobby Brown y consiguió divorciarse de él el 24 de abril de 2007. Tras un matrimonio de 14 años lleno de polémicas, en el que hubo maltrato físico, humillaciones, traiciones y relación con las drogas, Houston decidió poner fin a tanto sufrimiento y solicitó el divorcio, marchándose de casa con su hija y consiguiendo su custodia en los tribunales. A pesar de estar destrozada, apareció en los medios muy feliz y sonriente, diciendo que se había recuperado, y todo el mundo la elogió por su belleza en *los premios ELLA de la Society Of Singers*, acompañada de su productor, Clive Davis, y de su prima, la diva Dionne Warwick.

El 28 de octubre de 2006, Whitney hizo una aparición sorpresa en el 17º Carousel of Hope Ball y fue vitoreada por todos los asistentes al acto benéfico. Whitney estaba impresionante con un vestido negro largo y ajustado de Armani y llevaba pendientes y pulsera de diamantes que resaltaban aún más su belleza. La aparición de Whitney fue tan hipnotizadora que la cantante Katharine McPhee, que tenía previsto actuar esa noche, renunció a la canción que tenía prevista y le rindió homenaje con su clásico *I Have Nothing,* maravillosamente interpretado.

En diciembre de 2006, Whitney apareció en la portada de la revista "Raça Brasil" debido a su exitosa recuperación de la adicción a las drogas y el alcohol, así como a su reciente separación de Bobby Brown.

Durante la fiesta previa a los Grammy organizada por Clive Davis en el Hotel Beverly Hilton el 10 de febrero, Whitney estuvo presente y fue la celebridad que más llamó la atención esa noche. Paseó por la alfombra roja del brazo de Davis y varias celebridades que se encontraban en la fiesta fueron preguntadas por su opinión sobre la cantante, que la elogió mucho.

Según fuentes cercanas a la cantante, Whitney estaba preparada para un gran regreso con un disco de canciones originales. Estaba prestando más atención a su hija Bobbi Kristina, y completamente dedicada a su nueva producción discográfica. La cantante vivía entonces en Laguna Beach, cerca de su psicólogo Warren Boyd, el mismo que ayudó a Courtney Love a superar su adicción al alcohol y las drogas. Por aquel entonces, la cantante sufría constantemente ataques de depresión y ansiedad debido a su reciente divorcio, así como abstinencia de drogas y alcohol, y necesitaba constantes sesiones de psicoterapia. Según Davis, su productor, por aquel entonces habían empezado a trabajar en un nuevo álbum, que aquel año fue un trabajo fantástico.

También en 2007, Whitney volvió a ser elegida *Reina de la Balada* por el sitio web *BlackAmericanWeb*, que destacó su carrera como cantante y todos sus logros.

En septiembre de ese año, la cantante firmó un nuevo contrato con Arista Records por la increíble cifra de 100 millones de dólares. El acuerdo con la discográfica incluye varios álbumes, que la sitúan de nuevo entre los grandes nombres de la música.

El 18 de octubre, Whitney apareció por sorpresa en el Swarovski Fashion Rocks de Londres, donde fue aclamada por los presentes, entre ellos Donatella Versace. Llevaba un vestido blanco de Valentino. Su voz era mucho más grave que en otras apariciones, lo que sorprendió al público, acostumbrado a su voz suave, pero no defraudó, y fue aplaudida por cientos de personas.

Ese mismo año salió a la venta un recopilatorio titulado *Whitney Houston: The Best So Far, que reunía* los mayores éxitos de su carrera. El álbum entró en la lista de los más vendidos con el nº 3 en el Reino Unido, el nº 5 en Estados Unidos y el nº 9 en Brasil.

2008: El regreso

En 2008, Whitney anunció que grabaría su séptimo álbum inédito. La cantante también declaró que tenía seis canciones nuevas para su álbum, cuyo lanzamiento estaba previsto para la primera mitad de 2009 en el sello J Record. La cantante se negó a escribir debido a los problemas con las drogas, la traición y la anorexia que había sufrido en años anteriores.

El pasado 8 de mayo, Whitney ofreció un gran concierto en Londres, participando en el evento benéfico Legend Ball, donde fue aclamada por todos los presentes. Los medios internacionales describieron "Una fantástica Whitney Houston en Londres" y con esta espectacular actuación la Diva demostró que sus problemas del pasado han quedado atrás.

El 26 de julio de 2008 se filtró en Internet una nueva canción del álbum de la cantante, *Like I Never Left,* en colaboración con el cantante Akon, que también produjo el tema. Se convirtió en un éxito instantáneo, con más de 2,5 millones de reproducciones en Last FM sólo 24 horas después. Whitney ha declarado que la canción no será su primer single. Se rumorea que su primer single será *I Didn't Know My Own Strength*, una canción escrita por Diane Warren y producida por David Foster.

El 7 de febrero de 2009, Whitney Houston hizo una gloriosa aparición en la fiesta previa a los Grammy, organizada anualmente por Clive Davis. Whitney cantó grandes éxitos como: I Will Always Love You, I Believe in You and Me, It's Not Right But It's Ok y I'm Every Woman.

El 17 de abril de 2009, Diane Warren reveló a la revista Vibe que había escrito *I Didn't Know My Own Strength* especialmente para Whitney y que ésta sería su canción de regreso. La revista Rap-Up también confirmó que el productor Swizz Beatz había trabajado en una canción llamada *Million Dollar Bill* junto a Alicia Keys.

El nuevo álbum de Whitney salió a la venta el 31 de agosto de 2009 con el título *I Look To You*.

2009: Lanzamiento de *I Look To You*

Tras una larga espera, el esperado álbum de regreso de Whitney Houston, *I Look To You, se* publicó finalmente el 31 de agosto de 2009. El álbum llegó directamente al número uno en Estados Unidos, vendiendo 305.000 copias sólo en su primera semana, y alcanzó el número uno en otros 12 países. Producido por grandes de la música como Stargate, Akon, R. Kelly, David Foster, Jhontà Autin, Eric Hudson y Swizz Beatz junto con Alicia Keys, y supervisado por Clive Davis, el álbum cuenta con canciones fuertes como "Call You Tonight", "Wort It" y "Salute", una canción con una fuerte influencia del hip-hop.

El primer sencillo fue *I Look To You,* una romántica balada gospel que debutó en el puesto 27 de la lista R&B Hot 100 de Billboard.

El segundo sencillo *Million Dollar Bill alcanzó el número 1 en la* lista Billboard Hot 100 Dance, convirtiéndose en número 1 por decimocuarta vez en su carrera. El sencillo tuvo aún mejor acogida en Europa, donde alcanzó el nº 5 en la lista Hot 100 del Reino Unido. El vídeo musical de Million Dollar Bill se estrenó el 16 de septiembre de 2009.

El 14 de septiembre de 2009, Whitney Houston concedió su primera entrevista en siete años, en el estreno de The Oprah Winfrey Show. La entrevista fue anunciada como *"la entrevista musical más esperada de la década"* y Oprah Winfrey declaró que era la mejor entrevista que había hecho en su carrera. La entrevista se dividió en dos partes y Whitney habló de su problemático matrimonio, su separación, su carrera, su familia y sus problemas con las drogas.

También en el programa, Whitney cantó en directo la canción *I Didn't Know My Own Strength* a petición de Oprah, ofreciendo una actuación espectacular.

Whitney también apareció en programas de televisión europeos para promocionar el álbum. Cantó la canción *I Look to You en* Wetten Dass, un programa de la televisión alemana. Unos días más tarde, cantó *Million Dollar Bill en el* programa de televisión francés Le Grand Journal. Whitney también apareció como mentora invitada en The X Factor en el Reino Unido junto a Clive Davis y cantó Million Dollar *Bill en* el programa al día siguiente. La actuación no fue muy bien recibida por los medios británicos, pero a pesar de ello Million *Dollar Bill alcanzó el* número 5 (su primer top 5 en el Reino Unido en más de una década), y tres semanas después de su lanzamiento *I Look to You* ganó un disco de oro. Whitney también participó en la versión italiana de X Factor, interpretando la misma canción Million *Dollar Bill con* buenas críticas, y recibió el Certificado de Oro por conseguir más de 50.000 ventas del CD I *Look To You en* Italia.

En diciembre de 2009, I *Look To You recibió* el certificado de platino de la RIAA por superar el millón de copias vendidas sólo en Estados Unidos. El álbum ya ha vendido alrededor de 2 millones de copias en todo el mundo.

El 22 de noviembre de 2009, Whitney fue la estrella de los American Music Awards en Los Ángeles, California, e interpretó la canción I *Didn't Know My Own Strength*. La cantante recibió un trofeo por su trabajo de manos de Samuel L. Jackson. Abrumada por la emoción, Whitney agradeció el apoyo de sus fans y recibió una gran ovación del público.

2010: Whitney Houston - The 25th Anniversary Deluxe Edition y la gira mundial Nothin' But Love World Tour

El 26 de enero de 2010, Whitney reeditó una edición especial de su álbum de debut, titulada *Whitney Houston - The 25th Anniversary Deluxe Edition* para celebrar sus 25 años de carrera. El álbum contiene cinco temas extra, así como un DVD con videoclips y actuaciones en directo y una entrevista inédita.

El 13 de enero de 2010, Whitney fue galardonada en los BET Honors Awards, citando los logros de su vida y el éxito de su álbum de regreso I Look To You. Los BET Honors 2010 se celebraron en el Warner Theatre de Washington D.C. y se retransmitieron el 29 de enero de 2010. Jennifer Hudson cantó el clásico *I Will Always Love You* y Kim Burrell cantó *I Believe in You and Me en* su honor. Whitney también recibió el premio NAACP Image Awards al Mejor Vídeo Musical por "I Look To You" el 23 de febrero de 2010 y recibió una nominación en los Echo Awards, la versión alemana de los Grammy, como Mejor Artista Internacional.

Una nueva gira mundial fue anunciada el 12 de octubre de 2009 en el sitio web oficial de Whitney y comenzó el 9 de diciembre de 2009 en Rusia como fechas de ensayo, bajo el título *I Look To You Word Tour*. Al final de los ensayos, el título de la gira se cambió a *Nothing But Love World Tour* con un "comienzo" oficial el 6 de febrero de 2010 en Seúl, Corea del Sur.

Whitney explicó el significado del título de la gira. Era cómo superaba los momentos difíciles.

La gira visitó Asia, Australia y Europa y recaudó unos 36 millones de dólares con los espectáculos.

Billboard Charts: Actualmente figura en el TOP 10 de Billboard como una de las artistas estadounidenses que más singles ha vendido en la última década (1999-2009).

2011: El regreso con la película Sparkle

En enero de 2011 Whitney participó en el BET's Celebration Of Gospel 2011 cantando la canción *I Look to You,* junto a Kim Burrel. El evento se celebró en el Staple Center de Los Ángeles y se emitió el 30 de enero de 2011.

En febrero de 2011, Whitney participó en la fiesta previa a los Grammy, organizada por Clive Davis, en la que se homenajeó a su prima Dionne Warwick. En el homenaje, Whitney cantó los clásicos *Walk On By, I Say A Little Prayer For You* y *That's What Friends Are For*.

En septiembre de 2011, la revista *The Hollywood Reporter* anunció que Whitney protagonizará el remake de la película Sparkle, de 1976, junto a Jordin Sparks y Mike Epps. Según Debra Martin Chase, productora de Sparkle, Whitney también tendrá créditos como productora ejecutiva de la película. Afirmó además que Whitney se merece el título teniendo en cuenta que estuvo involucrada en el proyecto desde el principio en 2001, cuando obtuvo los derechos para producir Sparkle.

El 19 de octubre, Whitney confirmó en su página web oficial el nuevo proyecto con la película, que es un remake del filme de 1976 y cuenta la historia de Sparkle, un prodigio de la música que lucha por convertirse en una estrella.

El 7 de octubre, RCA Music Group anunció la disolución de Arista Records, junto con J Records y Jive Records. Con la disolución, Whitney Houston (y todos los demás artistas firmados anteriormente con estos tres sellos) publicarían su futuro material bajo el sello RCA Records.

2012: Lanzamiento de Sparkle

En septiembre de 2011, The Hollywood Reporter anunció que Whitney produciría y protagonizaría un remake de la película Sparkle junto a Jordin Sparks y Mike Epps. Sparkle supondría el regreso de Whitney a los cines después de 15 años, desde el estreno de The Preacher's Wife en 1996. En la película, Whitney interpreta a Emma, la madre de Sparkle.

Además de actuar, Whitney también recibió créditos como productora ejecutiva. Según Debra Martin Chase, productora de Sparkle, Whitney merecía el crédito, teniendo en cuenta que había estado implicada en el proyecto desde el principio, en 2001, cuando obtuvo los derechos para producir la película, que iba a protagonizar la cantante de R&B Aaliyah, pero que murió en un accidente de avión en 2001. Su muerte hizo descarrilar la producción, que debía comenzar en 2002.

El rodaje tuvo lugar entre el 10 de octubre y el 18 de noviembre de 2011 y contó con un presupuesto estimado de 17 millones de dólares.

La banda sonora de la película salió a la venta el 31 de julio de 2012. El primer sencillo, *Celebrate,* un dueto con Jordin Sparks, fue la última grabación de estudio de Whitney, realizada el 7 de febrero. Se lanzó oficialmente el 5 de junio de 2012. El videoclip se rodó el 30 de mayo y se estrenó oficialmente el 30 de junio de 2012.

His Eye Is on the Sparrow, se filtró justo un día después del lanzamiento de Celebrate y se publicó oficialmente como single el 8 de junio para *descarga* digital en Amazon e iTunes.

La película se estrenó el 17 de agosto en Estados Unidos y debutó en quinto lugar en la clasificación de las películas más taquilleras del fin de semana, recaudando 12 millones de dólares en sus tres primeros días.

Controversias

Varios documentales afirman que Whitney Houston empezó a consumir cannabis y alcohol a los catorce años, y cocaína y LSD a los dieciséis, bajo la influencia de su hermano Michael Houston, también adolescente y consumidor de estas sustancias, y que empezó a fumar cigarrillos a los diez años, también bajo la influencia familiar. Su hermano reveló en entrevistas que se sentía extremadamente culpable por la muerte de su hermana.

También se afirmó que Whitney Houston era bisexual, pero debido al conservadurismo religioso de su madre, optó por no salir nunca del armario públicamente. Robyn Crawford, asistente de producción de la carrera de la cantante y directora de marketing de las empresas de Whitney, que trabajó con ella de 1983 a 2000, escribió y publicó el libro *A Song For You*, en el que revela que fue novia de la cantante en su adolescencia, de 1979 a 1983, y que se conocieron en un albergue mientras hacían trabajo voluntario, y pronto se hicieron amigas inseparables, pero que tras enamorarse nunca se molestaron en etiquetarse como bisexuales o lesbianas, y que se limitaron a vivir intensamente su relación. A los diecisiete años sufrió un duro golpe cuando descubrió que su madre engañaba a su padre con el pastor de la iglesia. Ella y su madre dejaron de hablarse, y al no tener el valor de revelárselo todo a su padre, no pudo seguir viviendo con él, así que decidió marcharse de casa y vivir con su novia. En ese momento comenzaba su carrera como modelo, y debido a tantas presiones personales y profesionales, Whitney comenzó un proceso de anorexia alcohólica, que la acompañó durante toda su vida. Poco después, su madre le contó la verdad al padre de Whitney y ambos se divorciaron, pero la cantante nunca quiso volver a casa. Whitney y Robyn sólo se separaron porque la madre de Whitney Houston estaba en contra de la relación, y hacía sufrir mucho a la cantante con un acoso constante sobre su vida personal, y la cantante, tras firmar su primer contrato profesional en 1983, e influenciada por su madre, empezó a tener miedo de que la prensa investigara su vida personal y descubriera su sexualidad, acabando así con su carrera. Así que se mudó de casa de su novia y empezó a vivir sola. En esta época, intentó volver a la iglesia, aconsejada por su madre, e incluso le dio a Robyn una Biblia para que se convirtiera, pero las dos siguieron siendo mejores amigas durante muchos años, hasta la muerte de la cantante.

En las entrevistas, Bobby Brown reveló que él y Whitney habían mantenido una relación extramatrimonial durante cuatro años, y que él no era el responsable de haberla introducido en el mundo de las sustancias psicoactivas, como siempre se publicitó en la prensa, sino que la había conocido cuando era consumidora de drogas. Reveló en entrevistas que se enteró de que Whitney consumía drogas el día de su boda, porque rompió la tradición de que los novios no pueden disfrazarse antes de la ceremonia, pero sintió el impulso de verla, y fue a su casa cuando la vio vestida de novia, una hora antes de la ceremonia, donde se dio cuenta de que estaba inhalando cocaína, lo que le dejó muy sorprendido y conmocionado, porque hasta entonces sólo sabía que bebía alcohol en exceso y fumaba muchos cigarrillos, entre ellos cannabis sativa. Bobby reveló que tuvo el impulso de no renunciar al matrimonio porque quería proteger a Whitney, diciendo que al principio ella controlaba muy bien su adicción, hasta el punto de que en cuatro años de relaciones extramatrimoniales, nunca le hizo saber nada de las drogas más duras que consumía. Bobby dijo que después de la boda él también se hizo adicto a la cocaína, y que fue dependiente durante muchos años, pero consiguió dejarlo. El cantante también dijo que Whitney fingió haber tenido un aborto involuntario para hacerle sentir culpable y casarse con ella rápidamente. En entrevistas Whitney reveló que lo hizo por miedo a perderle, y porque quería que dejara a su mujer para estar con ella, lo que funcionó, ya que, culpable, Bobby dejó a su mujer y retomó su relación extramatrimonial, y en seis meses se casaron, enfadándose mucho después por esta mentira. La cantante también reveló en entrevistas que estaba enamorada, pero que nunca lo amó, y que su madre insistía en que se casara pronto, lo que le daría más seguridad personal y prestigio en su carrera. Bobby Brown dijo creer que Whitney sólo se casó con él para escapar de las especulaciones de los medios sobre su sexualidad, afirmando que siempre supo de la bisexualidad de su esposa, y que siempre fue muy celoso de Robyn, con quien no se hablaba, provocando varias peleas con Whitney, pidiéndole que despidiera a Robyn, cosa que hizo, pero volvió a contratarla sin que él lo supiera. Su ex marido también reveló que cuando él y Whitney discutían y se separaban temporalmente, la cantante salía con otros hombres y mujeres, pero principalmente volvía con Robyn, que siempre había sido el apoyo emocional de Whitney. Bobby dijo que la primera vez que hubo una traición fue por parte de la cantante, y que durante un tiempo ambos mantuvieron un matrimonio abierto, pero discretamente. En entrevistas, la cantante reveló que sólo quería vengarse de las agresiones de su marido. Robyn intentó de varias formas que su amiga y ex novia Whitney dejara de consumir sustancias y pusiera fin a su matrimonio abusivo con Bobby, pero todos sus intentos fueron en vano, lo que provocó que con el tiempo se distanciara de ella, un golpe para Whitney. Bobby Brown dijo en entrevistas que creía que si la relación sentimental de Whitney con su mejor amiga hubiera sido aceptada por su familia, ella seguiría viva, porque fue la única novia a la que Whitney Houston quiso de verdad.

Debido a las turbulencias personales de la cantante, Whitney y Robyn rompieron su contrato profesional en el año 2000, cuando Whitney ralentizó su carrera para cuidar de su salud, tras ser diagnosticada de aterosclerosis avanzada, una enfermedad cardíaca adquirida debido al abuso de sustancias psicoactivas, principalmente por el consumo de cocaína, droga que consumía en mayor cantidad y durante más tiempo, lo que dañó sus válvulas cardíacas. Esta enfermedad también se manifestó como consecuencia de su estilo de vida, en el que bebía demasiado alcohol y era sedentario. Este problema de salud le provocaba dificultad para respirar, mareos, dolores de cabeza y le llevó a una insuficiencia cardiaca. En ese momento, optó por empezar a gestionar parte de su extenso patrimonio para evitar más estrés profesional.

Otra polémica a la que se hace referencia en el documental de *Whitney* se refiere a la violencia sufrida por la cantante y su hermano Gary en su infancia, abusos cometidos por su prima Dee Dee Warwick. La cantante y su hermano nunca hablaron con nadie de la familia sobre este delicado tema, que fue uno de los factores que hizo que Whitney desarrollara una grave depresión. La madre de Whitney ha revelado en entrevistas que no cree esta historia, lo que la llevó a desheredar a los dos niños de su testamento. El hecho de que su madre no creyera los abusos sufridos provocó que la depresión de Whitney empeorara y desarrollara un trastorno de pánico. Otra de las grandes polémicas del documental tiene que ver con el padre de Whitney, acusado de malversar el dinero de la herencia de la cantante, que se enfadó muchísimo al descubrir que su padre le había robado. Ambos no se hablaron durante muchos años y ella le demandó, pero retomaron el contacto en los últimos años de su vida.

Otra polémica gira en torno a la problemática relación de Whitney con su hija: el chófer de la familia afirmó que Whitney y su marido intensificaron su adicción a las drogas a principios de la década de 2000, y que empezaron a fumar crack y a inyectarse heroína, y que cuando estaban muy alterados, lo hacían delante de su hija, en el coche, cuando su hija aún era una niña. En otro momento, reveló que cuando Whitney y su marido estaban bajo los efectos de estas sustancias, se agredían verbal y físicamente delante de su hija, y poco después, Bobby Brown, bajo los efectos de los estupefacientes, pintaba con spray las paredes de la mansión donde vivían, amenazando de muerte a Whitney, y ella lloraba mucho y se encerraba en su habitación o en el baño, donde ingería barbitúricos con sustancias psicoactivas y bebidas alcohólicas, y también se cortaba, llegando en alguna ocasión a intentar suicidarse, donde el chófer tuvo que llamar a una ambulancia para socorrerla desmayada y sangrando, y en alguna ocasión contenerla con los demás empleados, cuando la cantante, llorando y gritando, amenazaba con tirarse por la ventana del quinto piso de su mansión. También se reveló que la madre de Whitney intentó varias veces conseguir la custodia de su nieta, pero la cantante siempre contrataba a los mejores abogados para ganar el caso.

En el programa de Oprah Winfrey, Whitney reveló que podía conseguir drogas en cualquier parte: su camello se hizo pasar por un fan y le dio un bolígrafo para que le firmara el autógrafo, pero el bolígrafo tenía un fondo extraíble con la sustancia, y ella lo guardaba discretamente y se iba al baño a usarlo. Reveló que la fama le había destrozado la vida, no se había imaginado que sería elegida la mejor voz del planeta. Whitney sólo quería criar a su hija en paz y tener una familia normal, se sentía mal por no tener tiempo para seguir el crecimiento de su hija y también porque su marido pensara que ella tenía más éxito que él, se daba cuenta claramente de que eso hería su ego masculino de querer proteger a la familia. Reveló que en casa intentaba restarle importancia para que su marido se sintiera en control, como suelen preferir los hombres, pero no siempre funcionaba. Dijo que casi todos los días era golpeada por su marido hasta sangrar, ocultando las heridas con vendas y mucho maquillaje, y que su marido la golpeaba incluso cuando estaba sobrio, lo que era raro porque bebía mucho. Dijo que era extremadamente celoso porque Whitney ganaba mucho más dinero que él, y que Bobby era un hombre muy celoso que quería que ella dejara su carrera para ocuparse exclusivamente de su matrimonio, a lo que ella se negó. En la entrevista dijo que su marido se convirtió en su droga, porque por mucho que quisiera separarse, le tenía miedo y siempre creyó que cambiaría, confesando que sólo sentía pasión al principio de la relación, y que con el tiempo desarrolló una fuerte dependencia emocional. Whitney dijo que en los dos últimos años de su matrimonio, ambos dormían en habitaciones separadas y sólo hablaban ocasionalmente, cuando consumían drogas juntos, viendo la televisión en el salón. Durante los periodos más críticos de su depresión, la cantante dijo que pasaba un mes entero encerrada en su habitación, sin ver ni hablar con nadie, llorando, escuchando música, leyendo la Biblia y consumiendo drogas, que compraba en grandes cantidades para guardarlas en su armario. La cantante también reveló que pasó por varias hospitalizaciones y tratamientos de desintoxicación y rehabilitación, pero que lo máximo que consiguió estar sin consumir drogas fueron sólo seis meses, y que en realidad no era tan vanidosa como aparentaba ante las cámaras: odiaba tener que llevar siempre vestidos, maquillaje, mucha purpurina y tacones altos, y que ser constantemente un personaje para complacer a la industria musical arruinaba su salud psicológica.

Cuando la hija de Whitney Houston tenía quince años, intentó apuñalar a su madre después de que ésta le prohibiera salir con sus amigas, pero tras arrepentirse de haber amenazado a su madre, intentó suicidarse cortándose las venas y pasó unas semanas ingresada en una clínica psiquiátrica. En ese momento, Whitney descubrió que la niña consumía drogas, lo que empeoró mucho su relación, provocando que su hija abandonara el hogar y se fuera a vivir con su padre y, más tarde, con su abuela materna. En entrevistas, reveló que su hija le dio mucha fuerza para divorciarse, y que ambas eran íntimas y amigas, pero que su relación sufrió muchos altibajos. Con el tiempo, la cantante y su hija mantuvieron el contacto esporádicamente. Durante unos momentos volvieron a vivir juntas, pero luego volvieron a distanciarse.

En junio de 2011, a la cantante le diagnosticaron un enfisema pulmonar y nódulos en las cuerdas vocales debido al tabaquismo, lo que la obligó a alejarse de los escenarios y a iniciar un intenso tratamiento médico. La enfermedad le provocó profundos cambios en su voz melódica y armónica, haciéndola mucho más gruesa y algo ronca, para disgusto del público, lo que la deprimía cada vez más: por mucho que odiara la fama, le encantaba cantar. Whitney Houston empezó a descuidar su tratamiento, dando más importancia a las drogas y al alcohol. Su descuido le provocó una grave insuficiencia respiratoria, y la enfermedad avanzó considerablemente, lo que contribuyó a su muerte.

La cantante se enfrentó a muchas críticas a lo largo de su carrera. Los críticos negros la acusaron de "ser demasiado blanca", cantar exclusivamente para una "élite blanca" y no representar los "ritmos afroamericanos". Whitney se defendió, revelando que sólo elegía a los mejores compositores con los que trabajar, y que no respetaba el género musical ni el color: sólo elegía cantar lo que le llegaba al corazón, teniendo en cuenta también su perfil vocal. Estas críticas dañaron mucho la autoestima de la cantante, que siempre pensó que no estaba haciendo lo correcto.

La última relación pública de Whitney Houston fue con el cantante Ray J, dieciocho años menor que ella. Empezaron a salir en 2010 y sufrieron muchos prejuicios por su diferencia de edad, y la familia de Whitney no aceptaba la relación, también porque pensaban que este novio solo quería el dinero de la cantante, aunque también era rico. La pareja tuvo una relación problemática, de idas y venidas, con un historial de engaños, abuso de alcohol y drogas, e incluso agresiones, ya que él era muy celoso de ella. Ambos eran vistos a menudo en bares y clubes nocturnos, e incluso se hicieron públicas las recurrentes peleas de Whitney Houston con varias mujeres en estos lugares, debido a los grandes celos que ella también sentía hacia él. Una de las polémicas de esta relación fue cuando, en una de las turbulentas separaciones de la pareja, su novio quiso volver con ella, y Whitney no quería volver a esta relación abusiva, pero él la amenazó con publicar fotos íntimas de ella en internet, así como videos íntimos de la pareja, donde Whitney se molestó mucho por estas amenazas, y no quiso verlo más, pero la familia de la cantante lo demandó por amenazas y difamación, lo que causó más peleas entre Whitney y su familia, especialmente su madre, quien no quería que hubiera invadido su vida de esa manera. Sin embargo, en el momento de su muerte, Whitney y Ray J se habían reconciliado y volvían a estar juntos.

Tras su muerte, el cantante Jermaine Jackson, a quien Whitney conoció en 1983, antes de su fama, donde llegó a ser la vocalista de su banda, confirmó a los medios que él y la cantante fueron amantes entre 1984 y 1985. En esta época Whitney estaba soltera, y sólo mantenía relaciones ocasionales, ya que llevaba un año separada de su ex novia Robyn Crawford, y aún no había conocido a Bobby Brown. Jermaine y Whitney se separaron por iniciativa de ella, ya que la cantante quería que se separara de su mujer, Hazel Gordy, para poder iniciar una relación seria con ella, cosa que no hizo. En aquel momento, Michael Jackson, hermano de Jermaine y amigo íntimo de Whitney, se opuso a la relación extramatrimonial. Tras un año separados, Jermaine y Whitney retomaron la amistad que habían tenido antes de involucrarse, y eventualmente volvieron a cantar juntos cuando había alguna fiesta o evento mediático. Jermaine lamentó no poder asistir al funeral de la artista.

Muerte

El 9 de febrero de 2012, Houston visitó a las cantantes Brandy y Monica, junto con Clive Davis, en sus ensayos para la fiesta anual previa a los Grammy en el hotel Beverly Hilton de Beverly Hills. Ese mismo día, Whitney ofreció su última actuación en público, junto a Kelly Price, en un club nocturno de Hollywood, California, en una interpretación de la canción *Jesus Loves Me*.

El 11 de febrero de 2012, Whitney fue encontrada muerta en la bañera de una habitación de hotel en Beverly Hills. Los paramédicos intentaron reanimarla, pero fue en vano. Fue declarada muerta alrededor de las 15.55 UTC-8, hora local de Los Ángeles. La oficina del forense del condado de Los Ángeles anunció el 22 de marzo de 2012 que la causa oficial de la muerte de la artista fue ahogamiento accidental, a pesar de revelar que había signos de enfermedad cardíaca y restos de cocaína, que habrían contribuido a su muerte. La autopsia también determinó que el tabique nasal de la cantante estaba perforado y que había ingerido gran cantidad de barbitúricos y jarabe para la tos en los últimos tres días previos a su muerte, pero que esto no repercutió directamente en su fallecimiento, sino que sólo la hizo estar más somnolienta de lo habitual, lo que podría haber contribuido discretamente a su pérdida de reflejos, que la hizo caer en la bañera, de cara al agua.

Unos meses antes de su muerte, la artista había abandonado la psicoterapia y su religión evangélica, a la que acudía desde niña, yendo y viniendo. En entrevistas, reveló que cuando rezaba, sus pensamientos suicidas y sus ansias de alcohol y drogas desaparecían, pero pronto volvían.

En el momento de su muerte, su depresión había vuelto con toda su fuerza. En ese momento, estaba en tratamiento psiquiátrico, tomando antidepresivos y ansiolíticos. Uno de los motivos de su recaída en la adicción y del empeoramiento de su depresión fue que, entre las peleas familiares, el acoso y las amenazas de su ex marido, así como sus relaciones amorosas que no funcionaron tras el divorcio, descubrió que su única hija consumía drogas, donde ambas se peleaban a diario, y luchó para que su hija abandonara ese camino, intentando hospitalizarla en varias ocasiones. Todo esto llevó a la artista a retirarse de la iglesia, a recibir tratamiento psiquiátrico y psicológico, a dejar de hablar con amigos y familiares, a pensar que era una madre terrible, lo que provocó que se aislara socialmente y volviera a consumir drogas de forma incontrolada.

Whitney celebró su funeral el 18 de febrero de 2012 en la New Hope Baptist Church de Newark, Nueva Jersey, ciudad natal de la cantante. El funeral estaba programado inicialmente para dos horas, pero duró cuatro. Entre los que rindieron homenaje a Whitney en el funeral estuvieron Stevie Wonder, que cantó una versión reescrita de *Ribbon in the Sky* y *Love's in Need of Love Today,* CeCe Winans con *Don't Cry for Me* y *Jesus Loves Me,* Alicia Keys con *Send Me an Angel*, Kim Burrell con una versión reescrita de *A Change Is Gonna Come* y R. Kelly con I Look at You. Kelly con I Look *to You,* intercalados con himnos del coro de la iglesia y testimonios de Clive Davis, productor de Whitney; Kevin Costner; Ricky Minor, su director musical; su prima Dionne Warwick y Ray Watson, su guardaespaldas durante los últimos once años.

Whitney fue enterrada el domingo 19 de febrero en el cementerio Fairview de Westfield, Nueva Jersey, junto a su padre, John Russell Houston, fallecido en 2003.

La muerte de Bobbi Kristina

El 31 de enero de 2015, la hija de la cantante, Bobbi Kristina, fue encontrada, al igual que su madre, ahogada en la bañera de su casa de Atlanta (Georgia). Bobbi fue trasladada inconsciente a un hospital de Duluth (Georgia), donde fue intubada para permanecer en coma inducido, en el que pasó seis meses luchando por su vida. Su actividad cerebral ya era mínima cuando llegó al hospital. Bobbi falleció el 26 de julio de 2015 a la edad de 22 años.

Su funeral tuvo lugar el 1 de agosto en la Iglesia Metodista Unida James de Alpharetta (Georgia). La joven fue enterrada junto a las tumbas de su madre y su abuelo en el cementerio Fairview de Westfield, Nueva Jersey.

La actividad cerebral de la joven mejoró y salió del coma inducido tras cinco meses en el hospital. Pasó una semana respirando sin ayuda de aparatos, pero luego tuvo violentas convulsiones y volvió al coma inducido, pero un mes después sufrió un fallo multiorgánico.

La causa de la muerte fue un ahogamiento accidental debido a una sobredosis de alcohol, cocaína, cannabis, morfina y benzodiacepinas, situaciones que provocaron una neumonía que resultó mortal. La autopsia determinó que esta neumonía estaba causada por una encefalopatía hipóxico-isquémica.

Los examinadores no pudieron determinar si la sobredosis fue intencionada, es decir, un intento de suicidio, dado que la joven se enfrentaba a una depresión por la muerte de su madre y a dificultades en su relación conyugal, o si se trató de una sobredosis accidental. Los informes consideraron que el motivo que llevó a su muerte no era concluyente.

Arte

Estilo musical

En sus canciones, Whitney Houston habla de espiritualidad, poder femenino, fuerza, superación y, sobre todo, amor. Su estilo hunde sus raíces en el R&B, el gospel, el soul y el pop, complementados con elementos electrónicos como teclados y sintetizadores.

Whitney empezó a mezclar pop y R&B contemporáneo en su tercer álbum, *I'm Your Baby Tonight*, aportando canciones mucho más bailables o con influencias de R&B más marcadas.

Todavía en la década de 1980, empezó a hacer remezclas de sus canciones, pero esto sólo se hizo muy común tras el lanzamiento del álbum My *Love is Your Love,* que popularizó la remezcla de *I'ts Not Rught But I'ts Ok en* las pistas de baile de todo el mundo. En ocasiones ha vuelto a grabar las voces para componer remezclas de algunas de sus canciones, como *I'm Every Woman* (1992), My Love is Your *Love* (1998) y *I Learned From The Best* (1998). Ha colaborado con varios DJ y productores a lo largo de su carrera, lo que ha contribuido notablemente a popularizar las canciones remezcladas. Sus principales influencias musicales son Aretha Franklin, Dionne Warwick, Stevie

Wonder y Luther Vandross, todos ellos cantantes de R&B y Soul.

Whitney, por cantar predominantemente R&B, acabó siendo llamada la Reina del R&B y reconocida mundialmente como tal.

Voz

Apodada *La Voz*, Whitney Houston está considerada como una de las voces más bellas y potentes de la historia de la música mundial. Su registro vocal se clasifica como mezzosoprano, con un registro vocal de 4 octavas (A2-A5-A6), y sus características vocales más fuertes son los melismas, los vibratos y las transiciones.

A lo largo de su carrera, Whitney ha pasado por varias etapas vocales. Empezó su carrera como soprano spinto y más tarde pasó a mezzosoprano, con un timbre más pesado y potente. En 2003, la MTV estadounidense y la revista *Blender la nombraron* tercera mejor cantante entre las 22 Mejores Voces de la Música por votación en línea y de los lectores de la revista.

En 2008, Whitney fue incluida en la lista de Rolling Stone en el puesto 34 de los 100 mejores cantantes de todos los tiempos, afirmando que pocos vocalistas podían cantar 45 segundos del comienzo de una canción sin acompañamiento de instrumentos (acapella), haciendo mención a la versión de Whitney de *I Will Always Love*

You. En su reseña del álbum *I Look To You*, el crítico musical Ann Powers, de Los Angeles Times, escribió que la voz de Whitney inspira la carrera de muchos cantantes y afirma que, cuando estaba en su mejor momento, nada podía competir con su talento de mezzosoprano.

El estilo vocal de Whitney ha sido significativo en la industria musical y ha influido en generaciones. Se la ha llamado la "Reina del Pop" por su influencia en la década de 1990, luchando comercialmente con Celine Dion y Mariah Carey. Stephen Holden, de The New York Times, en su crítica del concierto celebrado en el *Radio City Music Hall* el 20 de julio de 1993, elogió la actitud de Whitney como cantante, escribiendo que **Whitney Houston** es una de las pocas estrellas del pop contemporáneo de las que se puede decir que tienen suficiente voz. Mientras otros artistas que venden millones de discos recurren a trucos pirotécnicos, Whitney prefería quedarse ahí y cantar. Elysa Gardner, de Los Angeles Times, en su crítica de la banda sonora de "The Preacher's Wife", elogió mucho la capacidad vocal de Whitney, comentando: *"Es ante todo una diva del pop, la mejor que tenemos.*

Registros vocales

- Grados inferiores:

A 2(A2) en la canción "Fine" del álbum Whitney: The Greatest Hits; A 2(A2) en la interpretación de la canción "When You Believe" en The Oprah Winfrey Show; B flat 2(Bb2) en la canción "You Light Up My Life" del álbum Just Whitney; B flat 2(B2) en la canción "Love That Man" del álbum Just Whitney; C 3(C3) en la canción "I Learned From The Best" del álbum My Love is Your Love; C sharp 3(C#3) en la canción "Try it On My Own" del álbum Just Whitney.

- Grados superiores:

Do 6 (C6) en la canción "Someone For Me" del álbum de Whitney Houston, Do 6 (C6) en la canción "I'm Every Woman" (remix), de 1992; Do sostenido 6 (C#6) en la interpretación de la canción "I wanna dance with somebody" en 1990; Re 6 (D6) en la interpretación de la canción "I Am Changing in New York", Re 6 (D6) en la interpretación de la canción "I Learned From The Best" durante la gira "Nothin' But Love" en 2010; Mi bemol (Mib6) en la interpretación de la canción "I Will Always Love You" en Río de Janeiro en 1994; Mi bemol (Mib6) en la interpretación de la canción "Anymore" en "Welcome Home Heroes" en 1991; Mi 6 (Mi 6) en la interpretación de la canción "I wanna dance with somebody" en 2010; Fa sostenido 6 (Fa#6) y Sol 6 (Sol6) en la interpretación de la canción "My name is not Suzan" en 1991 durante la gira mundial "I'm your baby tonight"; Sol sostenido 6 (Sol#6) y

La 6 (La6) en la interpretación de la canción "I Wanna Dance With Somebody" en Brunéi en 1996.

- Notas más largas: 18s en "Greatest Love Of All" durante el concierto "Welcome Home Heroes" de 1991; 17s en A Song For You del álbum "I Look to You".

Legado

En los años 80, la MTV fue duramente criticada por no emitir suficientes vídeos de artistas negros. Después de que Michael Jackson rompiera la barrera del color de la piel para los artistas negros masculinos, Whitney hizo lo mismo para las artistas negras femeninas. Se convirtió en una de las pocas artistas negras con más visitas en la red tras el éxito del vídeo de "How Will I Know".

Tras la irrupción de Whitney, otras artistas afroamericanas como Janet Jackson y Anita Baker triunfaron en la música popular. Baker comentó que, gracias a lo que hizo Whitney, hubo una mayor aceptación de su trabajo y las emisoras de radio dejaron de ser un tabú para las cantantes negras. Allmusic también destacó su contribución al éxito de los artistas negros en la escena pop, comentando que Whitney es capaz de manejar baladas, pop dance y soul con igual destreza, convirtiéndose en una de las primeras artistas negras en encontrar el éxito en la MTV junto a Michael Jackson. *The New York Times* afirmó que Whitney era un icono importante para el movimiento musical negro y reconoció la continuidad de las tradiciones vocales del soul, el pop, el jazz y el gospel. Richard Corliss, de la revista *TIME*, comentó el éxito de su primer álbum: *"Su primer disco tenía diez temas, seis de los cuales eran* baladas. *[Era un fenómeno en ciernes". Y como cada nueva estrella crea su propio género, su éxito ha ayudado a otras mujeres negras"*. Mary J. Blige dijo que Whitney la invitó a subir al escenario durante VH1 Divas Live en 1999 y esto le abrió las puertas de su trabajo en todo el mundo.

Según *The New York Times*, Whitney revitalizó la tradición del gospel. Ann Powers, de *Los Angeles Times, se* refiere a Whitney como un *tesoro nacional. "Es lo que muchos consideran una cantante, y por eso ha influido en innumerables vocalistas, tanto femeninas como masculinas"*. Del mismo modo, Steve Huey, de Allmusic, escribió que la prodigiosa forma técnica de Whitney sigue influyendo en casi todos los cantantes pop -hombres o mujeres- y ha engendrado una legión de imitadores. *Rolling Stone*, en su biografía, afirmó que Whitney redefinió la imagen de icono femenino del soul. La revista Essence clasificó a Whitney Houston como la quinta mayor estrella del R&B de todos los tiempos, llamándola "La Diva".

A lo largo de su carrera, Whitney ha vendido alrededor de 200 millones de álbumes, singles y vídeos en todo el mundo, lo que la convierte en una de las artistas de mayor éxito en la historia de la música mundial. La *Recording Industry Association of America (RIAA)* sitúa a Whitney Houston como la cuarta artista femenina que más discos ha vendido en Estados Unidos, con más de 55 millones de copias.

La banda sonora de "El Guardaespaldas" consiguió mantenerse en el primer puesto de la lista Hot 200 de la revista Billboard durante 20 semanas consecutivas. El álbum vendió unos 45 millones de copias en todo el mundo y también dio lugar al gran éxito *I Will Always Love You,* que se mantuvo en el primer puesto de la lista Hot 100 durante 14 semanas consecutivas, algo que nunca antes había sucedido.

Influencia

A día de hoy -incluso después de su muerte- el estilo y la capacidad vocal de Whitney Houston tienen un impacto significativo en la música popular e influyen en nuevos cantantes de todo el mundo, por lo que varios artistas han reconocido a Whitney como una influencia. Mariah Carey, a quien a menudo se ha comparado con Whitney, declaró: *Houston ha sido una gran influencia para mí.* Más tarde, en una entrevista con USA Today, Mariah afirmó: *"ninguna de nosotras tendría el mismo sonido si Aretha Franklin o Whitney Houston nunca hubieran sacado un disco".* Brandy dijo: *"El primer CD de Whitney Houston fue una genialidad. Ese CD presentó al mundo su voz angelical y poderosa. Sin Whitney la mitad de esta generación de cantantes no serían cantantes",* eligiendo el primer álbum de Whitney como su inspiración. Jennifer Hudson la cita como su mayor influencia musical. Declaró al Newsday que aprendió de Whitney la *"diferencia entre poder cantar y saber cantar".* Leona Lewis, a quien a menudo se ha comparado con Whitney, también la cita como influencia y ha dicho que la idolatraba de niña. En junio de 2006, durante Celebrating Black Music, Kelly Rowland declaró a Ebony que quería ser cantante después de ver a Whitney Houston en televisión cantando *Greatest Love of All. "Quería cantar como Whitney Houston con ese vestido rojo",* dijo Rowland. Beyoncé Knowles declaró al Globe and Mail que Whitney la inspiró para salir ahí fuera y hacer lo que hace. Alicia Keys, en una entrevista sobre su nuevo álbum de estudio con la revista Billboard, también dijo que Whitney era una artista que la había inspirado desde que era pequeña. Durante la entrevista, Lady Gaga dijo que Whitney Houston ha sido uno de sus "ídolos vocales" durante años. En una entrevista con IBN Live, Gaga reveló que solía escuchar una y otra vez la versión de Whitney de "The Star Spangled Banner". En los premios Grammy de 2011, Lady Gaga dijo que escribió la canción "Born This Way" pensando en la voz de Whitney.

En el lanzamiento del álbum Femme Fatale, Britney Spears declaró que Whitney fue una de las mujeres poderosas que influyeron en ella para publicar el álbum.

Celine Dion, Toni Braxton, Christina Aguilera, Kelly Clarkson, Britney Spears, Hilary Duff Ciara, P!nk, Robin Thicke, Jennifer Hudson, Amerie, Destiny's Child, Regine Velasquez, Lady Gaga y Charice han citado a Whitney Houston como influencia musical.

Premios

Whitney Houston es la artista más premiada de todos los tiempos, según Guinness World Records, con 2 premios Emmy, 7 premios Grammy, 16 Billboard Music Awards y 22 American Music Awards. A lo largo de su carrera, Whitney ha acumulado un total de 500 premios hasta 2013. Tiene el récord, junto con Michael Jackson, de ocho American Music Awards ganados en una sola noche. Whitney también recibió once Billboard Music Awards en 1993. Todo un récord a día de hoy. También tiene el récord de más WMAs ganados en una sola edición, con cinco galardones en la sexta edición de los World Music Awards en 1994. En mayo de 2003, *VH1 hizo una lista* de las "50 mujeres más grandes de la era del vídeo" y Whitney ocupó el tercer puesto, por detrás de Madonna y Janet Jackson. También ocupó el puesto 116 en la lista de los "200 mayores iconos de la cultura pop de todos los tiempos". En 2008, la revista Billboard publicó una lista de los Mejores Artistas de Todos los Tiempos para celebrar el quincuagésimo aniversario de la lista de singles Hot 100 de Estados Unidos. Whitney ocupó el noveno puesto de la lista. En septiembre de 2010, VH1 también la incluyó entre los 100 mejores artistas de todos los tiempos. En noviembre de 2010, Billboard publicó una lista de los 50 mejores artistas de R&B y Hip-Hop de los últimos 25 años.

Whitney entró en la lista en 3ª posición con ocho singles nº 1 en la lista R&B / Hip-Hop Songs y cinco álbumes nº 1 en la lista R&B / Hip-Hop Albums.

El álbum de debut de Whitney fue incluido en la lista de los *500 mejores álbumes de todos los tiempos* por la revista Rolling Stone y figura en la lista de los 200 álbumes definitivos del Salón de la Fama del Rock and Roll. En 2004, Billboard eligió el éxito de su primer álbum en las listas para nombrarlo uno de los 110 hitos musicales de su historia. En 1997, la *Franklin School* de East Orange, Nueva Jersey, pasó a llamarse The Whitney E. Houston Academy School of Creative and Performing Arts. En 2001, Whitney fue la primera galardonada con el *premio* especial *BET Lifetime Achievement Award*. En 2007, USA Today afirmó que el debut de Whitney en la industria musical se considera uno de los veinticinco hitos musicales de los últimos 25 años.

Whitney Houston es también una de las artistas con más éxito de la historia de la música, con más de 200 millones de copias vendidas en todo el mundo. Es la cuarta artista femenina más vendida en Estados Unidos según la Recording Industry Association of America (RIAA), con 55 millones de álbumes certificados sólo en ese país.

Whitney Houston también es Doctora Honoris Causa en Humanidades por la Universidad Estatal de Grambling (Luisiana).

Filantropía

Paralelamente a su carrera, Whitney también ha realizado obras benéficas para la organización que creó en 1989, la Whitney Houston Foundation for Children, una organización sin ánimo de lucro destinada a niños desfavorecidos y víctimas del sida y el cáncer. La fundación también recauda fondos para niños desfavorecidos de todo el mundo y a menudo organiza conciertos benéficos. Sólo un espectáculo televisado por HBO en 1997, Classic Whitney, generó 300.000 dólares para proyectos benéficos. Houston también apoya fondos de educación universitaria para negros y ONG que ayudan a niños con diabetes y sida. Whitney ha dedicado tiempo y dinero a causas sociales desde que trabajaba como modelo. En aquella época, se negaba a trabajar para agencias que hicieran negocios con Sudáfrica a causa del régimen del apartheid.

En 1991 grabó una versión del himno nacional estadounidense "The Star Spangled Banner", que se convirtió en un *éxito* y vendió un millón de copias. Whitney donó el dinero de las ventas a la Cruz Roja. En 2001, debido a los atentados terroristas del 11 de septiembre, se reeditó el sencillo "The Star Spangled Banner", que se convirtió en un éxito de ventas en las listas estadounidenses en octubre de ese mismo año, recaudando más de 1 millón de dólares. El dinero recaudado se donó a fondos de apoyo a los departamentos de bomberos y policía de Nueva York.

En febrero de 2004, Whitney donó un millón de rublos al Fondo de Ayuda Ruso para ayudar a las víctimas del atentado terrorista en el metro de Moscú. Los fondos procedían de sus actuaciones en Moscú ese año.

El 8 de mayo de 2008, Whitney participó en el baile benéfico Caudwell Children's Legend Ball, celebrado en Londres para recaudar fondos para la organización. El fundador de la organización, John Caudwell, declaró en una entrevista a la revista Marie Claire: "Estamos encantados de contar con una artista del calibre de Whitney en nuestro evento".

Whitney participó en un proyecto con su cuñada para desarrollar una línea de velas perfumadas. Parte del dinero de las ventas se donó a la Teen Summit a través de The Patricia Houston Foundation, que dirige un programa destinado a reconstruir y restaurar la vida de jóvenes y adultos.

Whitney Houston fue galardonada por su labor filantrópica en 1995 por VH1 Honors. En 1997, recibió los premios "The First Annual Triumphant SPIRIT Awards" de la revista Essence y en 1998 los Trumpet Awards, todos ellos en reconocimiento a su labor humanitaria.

A lo largo de su carrera, Whitney Houston ha apoyado diversas causas humanitarias:

- Hijos de Caudwell;

- Fundación Celebrity Fight Night;

- Fondo de Defensa de la Infancia;

- Centro de Parkinson Muhammad Ali;

- Cruz Roja;

- United Negro College Fund;

- Organización de Servicios Unidos.

Discografía

Álbumes de estudio

- 1985: *Whitney Houston*
- 1987: *Whitney*
- 1990: *I'm Your Baby Tonight*
- 1998: *Mi amor es tu amor*
- 2002: *Sólo Whitney*
- 2003: *Un deseo: el álbum de las vacaciones*
- 2009: Te miro *a ti*

Colecciones

- 2000: *Whitney: Grandes éxitos*
- 2001: *Love, Whitney*
- 2007: *Whitney Houston: Lo mejor hasta ahora* (UK: The Ultimate Collection)
- 2012: *I Will Always Love You: Lo mejor de Whitney Houston*
- 2017: *Te deseo amor: más de El Guardaespaldas*

Bandas sonoras

- 1992: *El Guardaespaldas*

- 1995: *Waiting to Exhale*

- 1996: *La mujer del predicador*

- 2012: *Destello*

Compactos en primer lugar en Estados Unidos

- 1985 - "Saving All My Love For You" (Guardando todo mi amor para ti)

- 1985 - "Cómo lo sabré"

- 1986 - "El mayor amor de todos"

- 1987 - "I Wanna Dance with Somebody" (Quiero bailar con alguien)

- 1987 - "¿No lo teníamos casi todo?"

- 1987 - "Tan emotivo"

- 1988 - "¿Adónde van los corazones rotos?

- 1990 - "I'm Your Baby Tonight" (Soy tu bebé esta noche)

- 1990 - "All The Man That I Need" (Todo el hombre que necesito)

- 1992 - "Siempre te querré"

- 1995 - "Exhale (Shoop Shoop)"

Visitas

Para promocionar su álbum de debut, el 26 de julio de 1986 Whitney Houston inició su primera gira mundial, *The Greatest Love Tour,* que visitó Norteamérica, Europa, Japón y Australia.

Su segunda gira mundial fue *The Moment of Truth World Tour*, que comenzó en Norteamérica el 4 de julio en Tampa (Florida), donde Whitney cantó ante más de 70.000 personas, y continuó en 1988 en Europa, Japón, Hong Kong y Australia. Especialmente en Europa, Whitney visitó 12 países, actuando ante más de medio millón de fans, incluidas nueve noches consecutivas en el Wembley Arena de Londres. La gira fue una de las diez más rentables del año y sólo el tramo norteamericano recaudó más de 24 millones de dólares, lo que la convirtió en la segunda artista con mayores ingresos del año según la revista Forbes. Su siguiente gira fue la regional *Feels So Right Japan Tour* en 1990, con catorce actuaciones, y la *I'm Your Baby World Tour* en 1991, que recorrió Norteamérica, Europa y Japón, con una serie de más de 100 actuaciones. La gira se inició en Estados Unidos con Welcome Home Heroes, con Whitney Houston, el 31 de marzo en Norfolk, Virginia. El especial se emitió en HBO, dedicado a las tropas que lucharon en la Guerra del Golfo.

Con el enorme éxito de la película *The Bodyguard* y su banda sonora, Whitney se embarcó en *The Bodyguard World Tour*, que fue mucho más extensa que las anteriores y duró los años 1993 y 1994, con una serie de más de 120 actuaciones por todo el mundo. La gira comenzó el 5 de julio en Miami (Florida) y visitó, además de Norteamérica, Europa, Japón, Sudamérica, incluido Brasil, y Sudáfrica. La gira fue un gran éxito y recaudó más de 119 millones de dólares, lo que la convirtió en una de las más lucrativas de la historia. Whitney actuó cinco noches consecutivas en el famoso Radio City Music Hall de Nueva York y luego seis noches en el Sands Hotel & Casino de Atlantic City.

En 1997 Whitney se embarcó en la gira regional *Pacific Rim Tour,* y realizó su primera visita a Tailandia y Taiwán.

Tras el éxito del álbum My *Love Is Your Love,* Whitney se embarcó en una nueva gira mundial en 1999 para promocionar su nuevo trabajo. La *gira mundial My Love is Your Love World Tour fue* la más taquillera del año en Europa y a ella asistieron casi medio millón de personas.

En 2004, Whitney inició la *gira Soul Divas Tour*, junto con Dionne Warwick y Natalie Cole. La gira comenzó el 7 de julio en Hamburgo (Alemania) y visitó Rusia, Emiratos Árabes Unidos, Tailandia y la República Popular China, con entradas agotadas.

En 2010 Whitney se embarcó en su última gira *para* promocionar el álbum *I Look to You*. *Nothing But Love World Tour* fue la primera gira mundial de Whitney en más de 10 años y visitó Europa, Asia y Australia. Recaudó más de 36 millones de dólares con una serie de 50 espectáculos.

Vuelta al mundo

- 2010 - Gira mundial Nothin' But Love
- 1999 - Gira mundial "Mi amor es tu amor
- 1993 - Gira mundial de El Guardaespaldas
- 1991 - Gira mundial I'm Your Baby Tonight
- 1988 - Gira mundial "El momento de la verdad
- 1986 - Gira mundial The Greatest Love

Visitas regionales

- 2004 - Divas del Soul
- 1998 - Gira europea
- 1997 - Gira Pacific Rim
- 1989 - Gira con Bebe y Cece Winans

Conciertos destacados

- 2010 - Nothin' But Love World Tour: En directo desde Nottingham

- 2008 - En directo desde Londres: Baile de la Leyenda Infantil de Caudwell

- 1999 - Divas en directo

- 1997 - Classic Whitney en directo desde Washington, D.C.

- 1996 - Celebración de la Boda Real: en directo en Brunei

- 1994 - Concierto para una Nueva Sudáfrica

- 1991 - Welcome Home Heroes con Whitney Houston

- 1988 - Homenaje a Nelson Mandela con motivo de su 70 cumpleaños

En Brasil

En enero de 1994 Whitney Houston estuvo en Brasil con la *gira The Bodyguard World Tour*, realizando dos shows en São Paulo, uno en el estadio Morumbi el 16 de enero y el otro en la sala de conciertos Olympia el 18 de enero. El 23 de enero participó en el evento Hollywood Rock en Río de Janeiro, donde cantó grandes éxitos como: "Saving All My Love For You", "I Wanna Dance With Somebody",

"Love Will Save The Day", "How Will I Know", "I Have Nothing", "I'm Every Woman" y "I Will Always Love You", poniendo en pie a una multitud de fans.

En Portugal

Whitney Houston dio un único concierto en Portugal, el 5 de julio de 1998 en el Estadio de Alvalade, y el espectáculo fue recordado por los portugueses porque la cantante dijo "¡Hola, España!" durante el concierto.

Filmografía

- 2012 - *Destello*

- 2004 - *Peluquería Nora* (Participación especial)

- 2003 - *Público de Boston* (Participación especial)

- 1997 - *Cenicienta* (Musical de TV)

- 1996 - *La mujer del predicador* (Un ángel en mi vida)

- 1995 - *Waiting to Exhale* (Hablando de amor)

- 1992 - *El* Guardaespaldas

En 2001, Whitney Houston produjo la película The Princess Diaries y la secuela The Princess Diaries 2: Royal Engagement en 2004. En 2003, Whitney también produjo *The Cheetah Girls (película original de Disney Channel)*, un musical basado en los libros de Deborah Gregory. La película, protagonizada por Raven-Symoné, cuenta la historia de cuatro chicas que sueñan con ser superestrellas y crean el grupo Cheetah Girls. Las Cheetah Girls están ensayando para el concurso de talentos del colegio cuando son descubiertas por el famoso productor musical Jackal Johnson.

En 2006, Whitney también produjo la secuela de la película, The Cheetah Girls 2, que mostraba a las cuatro cantantes en un accidentado viaje a España.

Otros libros de United Library

https://campsite.bio/unitedlibrary

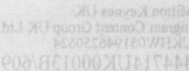